青海交通运输发展画册

（1949—2019）

青海省交通运输厅　编

人民交通出版社股份有限公司
China Communications Press Co.,Ltd.

内 容 提 要

本书由青海省交通运输厅主编,分为公路交通、水路运输、邮政管理、工作现场、畅美交通、怀旧篇、市州篇等七大篇章,全景式展现了新中国成立以来,青海交通运输波澜壮阔的发展历程,是青海交通运输事业70年辉煌成就的真实写照。

图书在版编目(CIP)数据

青海交通运输发展画册:1949—2019 / 青海省交通运输厅编 . — 北京:人民交通出版社股份有限公司,2019.12

ISBN 978-7-114-16080-6

Ⅰ.①青… Ⅱ.①青… Ⅲ.①交通运输发展 – 成就 – 青海 – 1949-2019 – 画册 Ⅳ.① F512.744-64

中国版本图书馆 CIP 数据核字(2019)第 273550 号

QINGHAI JIAOTONG YUSHU FAZHAN HUACE (1949—2019)

书　　名:	青海交通运输发展画册(1949—2019)
著　作　者:	青海省交通运输厅
责任编辑:	陈　鹏
责任校对:	赵媛媛
责任印制:	张　凯
出版发行:	人民交通出版社股份有限公司
地　　址:	(100011)北京市朝阳区安定门外外馆斜街 3 号
网　　址:	http://www.ccpress.com.cn
销售电话:	(010)59757973
总 经 销:	人民交通出版社股份有限公司发行部
经　　销:	各地新华书店
印　　刷:	北京印匠彩色印刷有限公司
开　　本:	880×1230　1/12
印　　张:	14
字　　数:	620 千
版　　次:	2019 年 12 月　第 1 版
印　　次:	2019 年 12 月　第 1 次印刷
书　　号:	ISBN 978-7-114-16080-6
定　　价:	220.00 元

(有印刷、装订质量问题的图书由本公司负责调换)

编委会

编委会主任：毛占彪

编委会副主任：马忠英　王永祥　戴明新　马铁峰　李积胜　赵群静　阿明仁　薛宏轩

编委会委员：王海军　李永福　房　萍　贺永宁　赵兴荣　赵　建　赵国宁　侯永甫
　　　　　　杜　伟　冯文阁　张淑艳　史国良　罗延辉　唐　玲　石　敏　吴晓军
　　　　　　邢　敏　史晓明　李愉平　田明有　马培新　徐　勇　鲁旦主　苗广营
　　　　　　王　振　马清祥　钟闻华　刘建明　常广德　纳启财　杜　军　黄超峰
　　　　　　韩　石　李群善　张　建　杨培红　晁　刚　张德福　蒋红艳　陈忠宇
　　　　　　申孝昌　王　矼　巨正科　韩海峰　井发军　王延延　包正清　马剑龙
　　　　　　崔宏伟　马进贤

主　　　编：马铁峰

执 行 主 编：林才让

协　　　助：银伯宁　都阳庭　张生荣　冯　萍　宁武昌

校　　　对：高　峰　郑明钰　杨青山　李春梅　王思谕

前 言

　　交通运输发展历程是人类发展史的一个重要侧面，可以说，交通运输的发展变化就是经济社会发展变化的一个缩影。新中国成立70年来，交通运输在拉动相关产业发展、加速区域经济一体化、推动旅游发展和资源开发、促进民族团结进步、国防建设、乡村振兴等方面发挥着越来越重要的作用，成为经济社会发展的重要支撑和保障。青海省交通运输发展起步晚、底子薄、条件差，面对这一实际，一代又一代青海交通人不忘初心、砥砺前行，创造了一个又一个奇迹，推动青海交通运输事业实现了跨越式发展。在这70年里，青海交通投资规模飞速增长，设施条件改善明显，城乡交通面貌日新月异，人民群众获得感、幸福感、安全感不断提升，踏上了全面推进现代综合交通运输体系建设的新征程。

　　新中国成立初期，青海交通运输一穷二白，1949年解放时，勉强可以通车的公路仅有472公里。1954年5月，"筑路将军"慕生忠带领筑路大军风餐露宿、攻坚克难，付出巨大牺牲，用了不到8个月时间，修通了青藏公路南段（格尔木至拉萨），在"人类生命禁区"创造了公路建设史上的奇迹。习近平总书记以"一不怕苦、二不怕死，顽强拼搏、甘当路石，军民一家、民族团结"的"两路"精神，对广大交通人敢于担当、无私奉献的精神给予了高度肯定。

　　1978年，党的十一届三中全会确立了"解放思想、实事求是"的思想路线，开启了改革开放的历史征程。青海交通运输行业始终贯彻执行中央各项决策部署，在省委省政府的坚强领导下，在交通运输部的大力支持下，青海交通人逢山开路、遇水架桥，在世界屋脊上"战天斗地"，抒写了一幅幅浓墨重彩的画卷，为"野云万里无城郭"的瀚海雪域蜕变为如今的"富裕文明和谐美丽新青海"，发挥了重要的基础支撑和先行引领作用。

　　进入21世纪，国家实施西部大开发战略以来，在中央一系列优惠政策的扶持下，全省交通运输行业抢抓发展机遇，进一步明确了"解放思想，加快发展"的工作思路，顽强拼搏，开拓进取，开创了交通运输事业发展新局面。2001年，全省第一条高速公路——平西高速公路曹家堡机场至西宁段建成通车，实现了高速公路零的突破。截至"十二五"末，实现了"三个基本、两个突破、一个确保"目标，即基本实现高速公路（含一级公路）通市州，二级以上公路通县区，硬化道路通乡镇；高速公路（含一级公路）里程突破3000公里，二级及以上公路里程突破1万公里。

党的十八大以来，青海交通人准确把握以习近平同志为核心的党中央对新时代交通运输发展的时代定位，始终传承和发扬"两路"精神，加快融入"一带一路"建设，积极发扬特别能吃苦、特别能战斗、特别能忍耐、特别能团结、特别能奉献的"五个特别"青藏高原精神，攻坚克难，奋力拼搏，开拓创新，无私奉献，建成了一条条经济发展路、民生路、资源路、旅游路等幸福小康路、康庄大道路。截至2018年年底，全省公路通车总里程达82137公里，是1949年的174倍。交通运输实现了从"瓶颈制约"到"初步缓解"逐步发展到"基本适应""适度引领"的重大转变。

党的十九大明确提出建设交通强国，赋予了交通运输在新时代的新使命，为交通运输发展带来了新机遇。交通运输行业正在由以工程建设为主，向注重管理服务转变；由以规模速度为主，向注重质量效益转变；由以人民群众对交通运输的需求为主，向注重从"有没有"向"好不好"转变。可以说，交通运输在国民经济中的战略性、引领性、基础性、服务性地位更加突出，推动经济社会高质量发展的重要保障作用更加明显，健康持续发展的态势更加向好，正处于发展的黄金时期。

初心如磐，使命在肩。在今后的工作中，我们将深入学习和贯彻落实党的十九大精神，以习近平新时代中国特色社会主义思想为指导，深入实施"五四战略"，奋力推进"一优两高"，统筹处理好当前和长远、速度和质量的关系，坚持交通运输引领经济社会发展、服务生态强省战略、助力我省融入国家战略、顺应人民群众过上美好生活新期盼，更加注重管理服务、质量效益、优化配置、群众感受，全力补齐发展中的基础短板、思想短板和融资短板，加快形成"东部成网、西部便捷、青南通畅、省际联通"的公路网，以时不我待、敢为人先的历史担当，奋力谱写交通强国青海篇章。

青海省交通运输厅党组书记、厅长

青海省交通运输厅历史沿革

1949年9月5日，西宁解放。9月8日，西宁军事管制委员会成立，下设公安处、交通处等工作机构。

1950年1月1日，青海省人民政府成立，设立交通处，隶属于省人民政府。

1955年7月5日，经国务院批准，青海省交通处改为青海省交通厅。

1967年12月23日，经青海省革命委员会批准，青海省交通厅革命委员会成立，内设机构处室改为"组"。

1969年1月17日，省革命委员会决定撤销省交通厅革命委员会，省革命委员会生产指挥部设立交通组，主管全省铁路、公路及民间运输等工作。

1970年11月10日，省委核心小组决定撤销省革命委员会生产指挥部交通组，成立青海省革命委员会交通局，主管全省交通运输（包括汽车修理）、铁路（省内部分）、公路、邮政等工作。1973年，省铁路、邮政管理业务从省革委会交通局分出。

1979年12月3日，青海省人民政府决定，青海省革命委员会交通局复名为青海省交通厅。

2014年3月15日，根据中共青海省委、省人民政府关于省政府机构设置的通知，将"青海省交通厅"更名为"青海省交通运输厅"。4月17日，青海省交通运输厅正式挂牌。

青海省交通（运输）厅历届主要领导

姓名	时间	机构	职务
黄　甲	1949.9	青海省交通处	处长
张国声	1951.5	青海省交通处	处长
徐泮林	1953.3	青海省交通处	处长
孙增荣	1954.9	青海省交通处	处长
孙增荣	1956.7	青海省交通厅	厅长
陈其林	1967.12	青海省交通厅革命委员会	主任
陈其林	1970.11	青海省交通局	局长
张效良	1975.2	青海省交通局	党组组长、局长
史进贤	1978.3	青海省交通局	党组书记、局长
阎文俊	1979.12	青海省交通厅	党组书记、厅长
张吉喜	1982.8	青海省交通厅	党组书记、厅长
蔡巨乐	1990.4	青海省交通厅	党委书记、厅长
桑　杰	1996.8	青海省交通厅	党委书记、厅长
梁晓安	2002.12	青海省交通厅	党委书记、厅长
周建新	2005.5	青海省交通厅	党委书记、厅长
杨伯让	2008.2	青海省交通厅	党委书记、厅长
韩建华	2013.2	青海省交通厅	党委书记、厅长
韩建华	2014.5	青海省交通运输厅	党委书记、厅长
马吉孝	2015.7	青海省交通运输厅	党委（组）书记、厅长
毛占彪	2017.9	青海省交通运输厅	党组书记、厅长

目　录

第一章　公路交通 ... 1
第一节　初起步 ... 2
第二节　快行道 ... 7
第三节　大跨越 ... 13

第二章　水路运输 ... 32
第一节　早期航运 ... 32
第二节　黄河上游青海段航运 ... 33
第三节　湖区航运 ... 36
第四节　海事运输管理 ... 38

第三章　邮政管理 ... 41
第一节　早期邮运 ... 41
第二节　邮政管理体制革新 ... 42
第三节　邮政业务转型升级与集约化发展 ... 43
第四节　基础设施建设与网络化快速发展 ... 44

第四章　工作现场 ... 49
第一节　路桥建设现场 ... 49
第二节　养护保通现场 ... 54
第三节　交通执法现场 ... 57
第四节　运输保障现场 ... 60

第五章　畅美交通 ... 63
第一节　青藏公路 ... 63
第二节　重点项目 ... 69
第三节　高原桥隧 ... 98
第四节　客货场站 ... 120
第五节　科技信息化 ... 123

第六章　怀旧篇 ... 125
第一节　老用具、老照片 ... 125
第二节　老旧机车 ... 131

第七章　市州篇 ... 133
第一节　西宁市交通运输 ... 133
第二节　海东市交通运输 ... 137
第三节　海西州交通运输 ... 140
第四节　海南州交通运输 ... 143
第五节　海北州交通运输 ... 146
第六节　玉树州交通运输 ... 149
第七节　果洛州交通运输 ... 151
第八节　黄南州交通运输 ... 154

编后记 ... 156

第一章 公 路 交 通

【开篇】由于气候环境恶劣,地理条件复杂,历史上的青藏高原以荒凉和闭塞著称,"行路难""过河难""运输难"是制约青海省发展的严重障碍。

解放前的老路

早期木桩老桥

第一节 初 起 步

【旧路恢复，新路粗通】（1949—1957年）

1949年9月，西宁解放时，全省勉强可通行的公路仅有472公里，千疮百孔，破烂不堪。此后的公路建设，就是在这样的废墟上建立和发展起来的。当时，西宁军管会交通处接收的14辆破旧汽车中，只有4辆可勉强行驶。

村道简易桥

近代畜力运输

入青门户——享堂大通河桥

乡道恢复通车

1949—1954年，除修建了必要的新线外，基本上完成了原有公路的恢复通车任务。为战备所需，1949年冬，在享堂大通河上架起了第一座悬索桥，开通了出入青海的路径。

1950年，在驻军协助下，恢复和改建了甘青、青康、宁张3条主要干线的桥涵与急弯陡坡，新建了大峡桥等重要桥梁。

青海党政军领导参加大峡桥通车仪式

1950年前后的青藏公路

慕生忠将军

1954年5月,慕生忠带领12名战士和1000余名驼工组成筑路大军,仅用7个月零4天的时间,全线打通格尔木至拉萨1200公里的青藏公路。他们一面进军,一面修路,发扬"一不怕苦、二不怕死,顽强拼搏、甘当路石,军民一家、民族团结"的"两路"精神。这在中国筑路史上是个创举,在世界公路史上也十分罕见。

艰苦卓绝筑路青藏线

骆驼队为修路大军运送物资

庆祝青藏公路全线通车

毛泽东主席庆贺青藏公路建成

1955年,为支援地质勘探工作,筑路职工在短期内完成青新公路的抢修通车任务,并新辟了纵横盆地的青新(格尔木至索尔库里)、冷茶(冷湖至茶冷口)等公路。1956—1957年,随着农业合作化运动的开展,全省掀起第一次大规模筑路高潮。干线公路的改善,提高了车辆通行能力,保证了运输畅通。

农业运输

车队行驶在冷茶线上

【规模建设,路网调整】
(1958—1966年)

　　这一时期,新修了不少牧区公路,并在海拔4000—5000米的冰山雪岭上开辟了大道。

　　在长江、黄河上游初建大型桥梁。1958年沱沱河大桥建成通车。1960年,青海第一座大跨径石拱桥——隆务黄河大桥完工。1963年,通天河大桥建成通车。1966年,玛多黄河桥建成。

阿尼玛卿雪山上的清雪保通

沱沱河大桥

通天河大桥

玛多黄河桥

青康公路水泥试验路

县县通公路

【国防交通，新建改建】
（1967—1978年）

20世纪60年代中期，根据国防、战备的需要，相继修建了与国道相平行的国防战备公路。1967—1978年，分别对有关国防公路进行修建和改建。例如，民青公路（民和至青石咀）、青康公路和对以西宁市为中心的城市道路的兴建。

1978年，清水河至曲麻莱公路建成，全省大部分地区逐步实现县县通公路的奋斗目标。通过多年对冻土的研究和不断改造，青藏公路全线已达到线路标准化、桥涵永久化。这一时期，完成西宁至格尔木段黑色路面的铺筑，同时完成格尔木至唐古拉山口段的局部改造。

城市迂回道路

多年冻土青藏公路

勘测队在唐古拉山之巅

在青藏公路上铺筑黑色路面

第二节 快 行 道

【初探改革，稳步推进】（1979—1991年）

党的十一届三中全会后，公路交通管理机构不断健全，职责职能逐步清晰明确，公路交通服务水平明显提高，青海交通运输进入新的发展时期。

——重点公路的改建和新建。这一时期的改建工程有宁张公路、青新公路和青康公路等。1990年，宁果公路（省道101线）全线贯通。

宁张公路达坂山

青新公路雅丹地貌

青康公路星星海

宁果公路拉脊山

——其他干线公路和专用公路的修建。1979—1991年，对西宁至互助、当金山至黄瓜梁等10余条省道干线公路进行了局部改建和病害处治，提高了公路通行能力。

省道宁互路

20世纪80年代公路局部改建

同时，修建了龙羊峡、李家峡、冷湖至大风山等资源开发专用公路。到1991年底，青海省公路里程达到16769公里，较1978年底增加3094公里。

冷湖至盐场资源专用路

原阿赛公路铁吾大桥

1983年，尖扎黄河大桥紧张施工

——运输服务。个体（联户）运输逐步发展，客运班车迅速增加，营运线路加快扩展，出租汽车和旅游客运等运输新业态初步发展，运输站点逐渐增多，汽车维修市场趋于规范。

1981年，青海客运班车

1982年，西宁客运站候车室

货运汽车维修

——养护。1980年，成立"青海省公路养护管理处"。广大养路职工甘当"铺路石"，顶风冒雪、战天斗地，用青春和生命谱写了一曲曲奉献公路养护事业的壮丽赞歌。

希里沟段李林忠驾骆驼刮路车刮路

边坡护理

——路政。1978年，青海省人民政府印发《关于加强路政管理的暂行条例》。1985年4月，国务院颁布了《车辆购置附加费征收办法》。1990年，全省组建170人的兼职路政管理队伍。

公路路政管理条例流动宣传

20世纪90年代交通稽查

——交通工业。1980年，由青海省客车修造厂改型生产的JT661型"青海湖"牌长途客车在交通部组织的试检中，被评为西北地区第一名。到20世纪90年代初，由于产品新技术更新缓慢及销路等原因，青海交通工业逐步走向衰落。

青海汽车制造厂生产的"青海湖"牌货车

青海省客车修造厂生产的长途客车

第一章 公路交通

【深化改革，加快发展】（1992—1999年）

党和国家加大对老少边穷地区交通等基础设施建设投资支持力度，并陆续出台转让公路经营权、盘活公路存量资产等政策。

——公路建设步伐加快。这一时期，打通了国道西景公路囊谦至多普玛段断头路。新、改建省道西（宁）久（治）公路等23条省道，一批资源开发公路和旅游公路相继建成，各等级公路的比重得到合理调整。

20世纪90年代公路建设　　　　　　　　　西久公路　　　　　　　　　坎布拉旅游公路

——收费公路。1999年9月，青海省高等级公路建设管理局正式挂牌成立。这一时期，青海首条贷款修路、收费还贷公路建成运营。采用全新管理模式建设的达坂山隧道建成通车。

民和莲花台收费站建成运营　　　　　　　　　达坂山隧道

——道路运输。1992年,新开辟西宁至西安、西宁至格尔木等公路卧铺客运班线。1999年,省公路运输管理局出台政策,鼓励"车头向下",开辟农牧区客运班线,海东地区通乡客班率达到93%。1999年,全省出租汽车达到7114辆,遍及全省20余个市、县(镇);42个县(市、行委)府所在地,建成三级以上汽车站35个。

20世纪90年代初客运班车

早期西宁汽车站

货物集散

——路政、养护及交通规费征收。1994年起,国家决定由交通部门统一征收车辆购置附加费。1997年,《中华人民共和国公路法》颁布施行。1998年,青海省交通厅重新组建104人的省管公路专职路政管理队伍。1999年底,全省养护干线公路设有公路段31个,养护国省干线公路6480公里。

规费征收

超限车辆检测

20世纪90年代公路养护队伍

——人才建设。1995—1999年，全省交通系统投入教育经费5051万元。青海省交通学校、交通职工中专、交通技工学校共培养大、中专毕业生2061人。

早期青海省交通学校

20世纪90年代青海省交通职工中专学员军训

第三节　大　跨　越

【西部开发，持续发展】（2000—2012年）

现代公路网络和"人便于行、货畅其流"的交通运输格局初具规模。

——基础设施建设。这一时期，全省共完成交通基础设施建设投资965亿元，基本建成"两横三纵三条路"新的主骨架公路网，国省干线公路主要路段基本实现黑色化。2001年，全省首条高速公路平（安）西（宁）高速公路曹家堡机场至西宁段建成通车，实现了青海省高速公路零的突破。2010年，青海省第一条地方铁路——柴达尔至木里铁路全线铺通试运行。2010年，玉树地震发生后，实施共和至玉树高速化公路一期工程。2011年，青海省首条双向六车道高速公路——西宁南绕城高速公路开工建设。2004—2012年，全省共完成农村公路建设投资189.85亿元。2010年，全省所有行政村实现了村村通公路。

青海省第一条高速公路——平西高速公路

青海省第一条地方铁路——柴木铁路试运行

共玉高速公路建设

南绕城高速公路建设

农村公路助力经济发展

公路运输

春运候车厅

客车整齐排列

——道路运输。2012年公路客货运量分别占全省铁路、民航、水运和公路四种运输方式总量的94.31%和71.94%，实现了西宁至省内主要旅游景区的快速直达。同时，道路运输在春运、黄金周等关键时期和抗震救灾中发挥了重要作用。

——客运市场。2005年,全省多种运输方式相衔接,路途、车型相配套的客运市场格局初步形成。2010年,客运企业逐步淘汰老旧车型,更新为舒适性、安全性较好的中、高级客车。

格尔木寰宇出租车公司爱心车队

整装待发的城乡公交

出租车开进村庄

高级旅游客车

——**公路养护**。2009 年,全省组建了 6 个专业化养护中心。2012 年,国省干线公路好路率由 1999 年的 64.15% 提高到 73.5%;养护质量综合值由 1999 年的 71.07 提高到 85.40。

路面清洁

路面补修

边坡护理

——**路政管理**。2000—2009 年实施公路交通费改税 10 年间,全省征收的交通规费为全省公路建设和养护提供了重要的资金支持。2009 年,青海省公路局、高管局行政执法部门和原征稽局三支队伍整合,于 2010 年挂牌成立青海省公路路政执法总队。到 2012 年年底,已在国省道干线设置 16 个超限检测站和 4 个流动站。

征收交通规费

勘查路产损坏现场

超限车辆卸货

——抗震救灾和应急保障。制定《青海省公路交通突发事件应急预案》等八项预案和制度，开展了战备钢架桥架设、公路突发事件应急抢险演练。2010年，玉树发生强烈地震，全省交通系统广大干部职工全力投身抗震救灾。在历届环青海湖国际公路自行车赛中，广大干部职工尽职尽责，确保赛事路段安全畅通。

交通战备钢架桥架设演练

公路职工奋力救灾保通

路政人员环湖赛保障

——精神文明。连续多年在全行业广泛深入开展创建"全省交通系统文明示范窗口"活动。青海省交通厅所属各单位坚持不懈开展"激情公路人、奉献柴达木""青海高速雷锋班组""文明客运班线"等群众性精神文明建设活动。

雷锋班组文明服务

客运热情服务

【交通强国，青海篇章】（2013—2019 年）

面对新形势新要求，交通运输部提出要牢固树立新的发展理念，加快发展"四个交通"，为全面建成小康社会提供交通运输保障，努力建设人民满意交通。

——**公路建设**。党的十八大以来，青海省交通运输厅紧紧围绕"三区"建设和国家"一带一路"倡议，全面实施精准扶贫和支持藏区发展等一系列历史机遇，主动对接国家投资重点和方向，全面加快推进公路建设，优化完善路网结构，加强与其他交通运输方式的衔接，着力构建综合交通运输体系。2013 年，原规划的 5 条 3787 公里地方高速公路纳入国家高速公路网，12 条 6570 公里省道和县乡公路升级为国道。

交通运输发展规划

牙同高速公路

海黄大桥

西宁朝阳立交桥

马平西高速公路老鸦峡路段

民和（甘青界）至小峡（平安）一级公路

建成后的苏龙珠黄河钢管拱特大桥

——**投资与等级**。2018年，交通运输作为拉动全省固定资产投资的重要引擎之一，实现所有市州通高速公路，所有县级行政区通二级公路，98.6%的乡镇、97.1%的建制村通畅。以高速公路为主骨架、普通国省干线为骨架、农村公路为脉络的公路网络基本形成。

单位：亿元

投资分类	合计	高速	普通国省道	农村公路	客货运站场	内河航运	其他
完成投资	380.21	209.71	124.56	30.42	1.88	0.48	13.15

单位：公里

技术等级	总计	高速	一级	二级	三级	四级	等外
里程	82137	3328	609	8525	5001	52694	11980

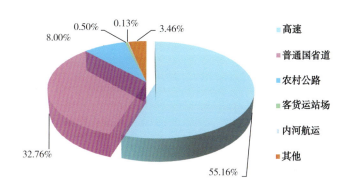

2018年青海省交通运输固定资产投资构成

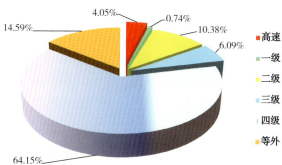

2018年青海省公路技术等级统计图

——**筹融资渠道**。2016年，成立交通基金发展有限公司。青海省交通投资公司以发行中期票据和短期融资券等方式实现直接融资，以银行信贷综合授信、委托代建购买服务等方式实现间接融资，为公路建设提供了有力的资金保障。

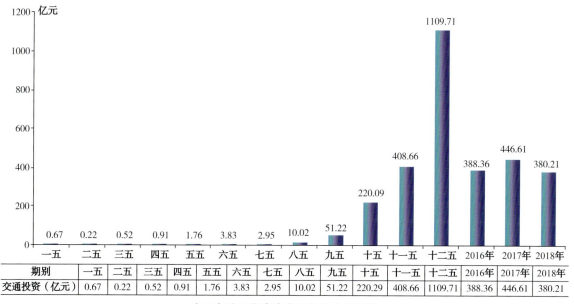

期别	一五	二五	三五	四五	五五	六五	七五	八五	九五	十五	十一五	十二五	2016年	2017年	2018年
交通投资（亿元）	0.67	0.22	0.52	0.91	1.76	3.83	2.95	10.02	51.22	220.29	408.66	1109.71	388.36	446.61	380.21

各五年建设期青海省交通投资趋势图

——**质量管理**。2013年，开展"公路建设管理提升年"活动。2015年，开始在工程建设管理中全面推行"双标"管理。

质量检测　　　　　　　　　　　检查施工质量

2018年交通扶贫暨"四好农村路"建设工作会议

——**"四好农村路"建设**。党的十八大以来，全省累计投入"四好农村路"建设资金116.11亿元，新改建农村公路4.1万公里，便民桥梁1268座。开通城际、城乡公交线路280余条，"出门水泥路、抬脚上客车"的交通运输服务目标基本实现。

海北建制村硬化路

管养示范路段

农村公路

易地扶贫搬迁村道路硬化

——**精准脱贫**。75个党组织、2774名党员干部职工与20个贫困村党支部、757户贫困户、2763名贫困人口实行了"一帮一""多帮一"结对扶贫。累计投入各类扶贫资金6200万元，建设配套道路129.9公里，实现7个村、269户、877人摘帽脱贫。省交通运输厅被评为2016年度"省级行业先进扶贫单位"、2017年度"省级定点扶贫先进单位"、2018年度"省级行政先进扶贫单位"。

果洛州扶贫路

互助县班彦村扶贫路

湟中卡阳扶贫路

黄南德吉扶贫路

——科技创新。2013—2019年完成科研项目75项,其中,参与研究的多年冻土地区公路隧道修筑技术获得多个奖项。科技创新支撑行业发展的作用更加明显。

花石峡冻土观测站

通风管降温机制试验段

——信息化建设。2013年以来,省交通(运输)厅相继实施了交通信息化二期、三期工程建设。建成交通运输行业数据中心、省交通运输应急指挥大厅、12328呼叫服务中心等基础设施,为全省交通运输行业信息化发展提供了有力的支撑。

信息中心二期设备

12328呼叫服务中心

交通运输应急指挥大厅

——**环保及新技术应用**。宜绿化路段,高速公路绿化率为100%,国道绿化率为90%。温拌沥青混合料技术、就地热再生等先进节能减排新技术、新工艺得到广泛应用。完成18处高速公路收费站、隧道的节能改造,改造后的照明设备年省电40%以上。实施城市公交、出租汽车及城乡客运专线车辆油改气工程,新能源和清洁能源车辆迅速推广并占据主导地位,占比达到89%。

西甘公路蜂巢格式挡墙

高速公路渡槽

岗大公路边坡植草洒水

扎碾公路"Ω"隧道亮化

新能源出租汽车

高速公路热再生施工现场

——运输保障。建成西宁客运中心站,有序推进民和、平安、大通、门源等客运枢纽站建设。综合货运枢纽建设步伐加快,逐步构建现代化交通货运物流园体系。基本建成了以朝阳、曹家堡保税物流园区为骨干,以多巴、双寨、格尔木等物流集散中心为支撑,以县乡物流配送点为补充的三级物流体系。加大了曹家堡临空保税物流园区等与空港、高速公路和铁路节点功能互补的物流园区建设力度,满足多式联运和跨区域甩挂运输的需要,促进多种运输方式联运衔接,有效降低货物转运成本和时间。

朝阳物流园区　　　　　　　　　　　西宁客运中心　　　　　　　　　　　农村公交候车亭

——养护管理。除日常养护外,自2014年以来,省交通运输厅组织养护、路政部门联合有关单位开展全省交通沿线路域环境综合治理工作,全面打造"畅、安、舒、美"的交通通行环境。

路域整治　　　　　　　　　　　　　　　　　　　　清雪保通

公路标准化养护

普通公路沥青路面修补

——**收费运营**。2016年,挂牌成立青海省一卡通有限责任公司,推动交通一卡通互联互通系统建设与运营。2017年,全面取消政府还贷二级公路收费站,撤销收费站15个;完成"营改增"和收费公路通行费增值税发票电子服务平台建设。截至2019年8月底,已建成ETC专用车道239条。在打造优质服务品牌的同时,按照"交通+旅游"融合发展要求,启动了服务区"厕所革命"。

青海省一卡通有限责任公司挂牌仪式

ETC专用车道

收费员微笑服务

为受困驾驶员免费提供食物

公路沿线厕所服务

——路政执法。目前,青海省路政执法总队下设15个支队,人员编制达1205名。2018年,全年共办理各类公路赔(补)偿案件26313起,组织开展普法宣传300余次,查处超限车辆8147辆,查处率、结案率均达到100%,清理公路用地堆积物5079立方米/456处。

路政人员检查大件运输车辆

超限治理

路域环境治理

——安全监管与应急保障。2015年,省交通运输厅、省公安厅共同成立"青海省路警联合指挥中心"。多年来,有效处置了各类公路突发事件。

"互联网+安全"管理系统应用观摩会

紧急处置山体滑坡灾害

青海湖水上应急演练　　　　　　　　　　玉树雪灾奋力保通

——**党建和精神文明**。党的十八大以来，交通系统进一步深入开展党建工作，提升精神文明创建工作，大力弘扬"两路"精神和青海交通运输行业精神，着力打造"畅行青海、美在交通"文化品牌。文明行业创建硕果累累，行业软实力全面提升。

党的十九大精神宣讲会

党建知识竞赛

行业文明建设品牌活动

重温入党誓词

全国文明单位

全省先进基层党组织

最佳组织贡献奖

2018年度优秀领导班子

——**行业软实力**。大力实施"人才强交"战略,通过"走出去,请进来"及讲座培训等方式,强化各类人才素质,不断提升行业软实力。青海交通职业技术学院成功建成"国家骨干高职院校"。青海省交通医院顺利晋升为三级医院,完成省级公立医院改革。

听党课

信用工作培训

青海省交通医院普外科腹腔镜手术等先进技术得到大力推广

青海交通职业技术学院新校区

——成就与展望。新中国成立 70 年以来,青海交通人逢山开路、遇水架桥,开拓了交通运输改革发展的新局面。全省交通固定资产投资从第一个五年计划时的 6687 万元增长到"十三五"前三年的 1215 亿元,增长了约 1816 倍;全省公路通车里程从 472 公里增长到 8.21 万公里,增长了近 173 倍。高速公路(含一级)从无到有,总里程突破 3900 公里。全省所有市州通高速公路,所有县级行政区通二级公路,所有具备条件的乡镇和建制村均已通畅。以高速公路为主骨架、普通国省干线为骨架、农村公路为脉络的公路网络基本形成,交通运输支撑经济社会健康稳定发展的作用持续增强。全省客货运车辆从无到有,不断发展壮大。2018 年,全省拥有营业性客运车辆 3614 辆,营业性货运车辆 78525 辆,全年公路客运量和客运周转量分别为 5092 万人、50.8 亿人公里,公路货运量和货物周转量分别为 1.6 亿吨、275.7 亿吨公里。

70 年来,全省交通运输行业围绕服务全省经济社会发展,不断推进公路建设、养护管理、道路运输和行业执法等重点领域改革,不断健全和完善建管养运相协调的管理体制和运行机制,各项工作硕果累累。交通运输服务经济社会发展的状况从"瓶颈制约""初步缓解"逐步发展到"基本适应""适度引领",促进经济社会发展、推动城镇建设、改善人民生活和保障国家安全的支撑引领作用依然明显,交通运输事业仍然处于发展的黄金时期。与此同时,我们也清醒地看到行业发展中存在对新形势、新态势把握不足,人才队伍不强以及行业债务风险持续加大等体制机制不畅的问题,需要我们在今后的工作中高度重视,认真解决。为有效化解全省交通运输类政府隐形债务,2019 年 9 月 9 日,在省委、省政府的大力支持下,青海省交通控股集团有限公司正式挂牌成立。新成立的交控集团将全面优化产业布局,大力构筑多元板块,努力打造青海省交通建设投融资的"大平台"、交通基础设施建设运营管理的"大企业"、服务群众安全便捷舒适出行的"大窗口"。

下一步,我们将始终以习近平新时代中国特色社会主义思想为指导,坚持交通运输引领经济社会发展、服务生态强省战略、助力我省融入国家战略、顺应人民群众过上美好生活新期盼,更加注重管理服务、质量效益、优化配置、群众感受,全力补齐发展中的基础短板、思想短板和融资短板,加快形成"东部成网、西部便捷、青南通畅、省际联通"的公路网,以时不我待、敢为人先的历史担当,奋力谱写交通强国青海篇章,以"四个转变"新思路,推动"四个扎扎实实"重大要求落地生根。

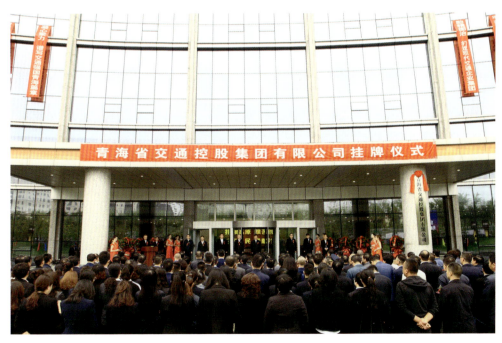

青海省交通控股集团有限公司挂牌仪式

挂牌仪式上领导合影

第二章 水路运输

第一节 早期航运

——**皮筏子和木船**。青海历史上的水运,主要是军事运输和漕运木料。在交通闭塞的条件下,皮木筏运输勃然兴起。1949年以后,当地人民就地取材,避害就利,创造了体质轻软、触礁不破、吃水极浅、编组回载方便的革囊皮筏和简易木排运输。

羊皮筏子运输

1952年,果洛工作团拉加地区羊皮筏子渡黄河

早期黄河渡船

——渡口遗址。随着公路的开辟、汽车运输业的发展和畜力车通行的便利，筏运安全系数较低的特征日益凸显。青海解放后，只保留了几个渡口。随着现代公路事业的发展，黄河、湟水以及其他水域上架起了数十座桥梁，桥梁替代船渡，渡口亦渐不复存在，河湟航运中断。

古什群峡口古桥遗址

青海黄河渡口官亭古渡

门源县原骆驼脖子吊桥

第二节　黄河上游青海段航运

党的十一届三中全会后，黄河上游水利水电项目开发不断深入，青海水上交通也在改革开放中逐步发展。通过多年不断的建设和完善，重点通航水域水路运输已成为当地旅游经济发展的亮丽名片，也带动了其他水域水上旅游业的发展。

——龙羊峡航运。1991年，龙羊峡库区航运工程列入"八五"青海重点建设项目计划。至1993年，龙羊峡库区开辟航道3条，共计112公里。

1992年修建的龙羊峡码头

2014年修建的龙羊峡下多隆沟码头

——李家峡航运。李家峡水电站是龙羊峡以下第三座梯级大型电站，1987年开工建设，1991年10月顺利实现截流，1996年12月下闸蓄水发电。李家峡水库蓄水发电后，形成购船、造船热，各类机动船舶发展到50余艘。

2014年修建的李家峡阿什贡码头

2016年修建的李家峡南宗沟码头

2015年修建的李家峡松巴码头

2003年修建的李家峡半主哇码头

——公伯峡航运。公伯峡水库长40公里,总库容6.4亿立方米。公伯峡航运工程于2009年开始建设。

公伯峡群科航政楼

2010年修建的公伯峡大坝码头

2010年建成的公伯峡拱拜寺码头

2013年建成的群科码头

——寺沟峡航运。2015年建成铧尖寺码头，其余建设项目预计2020年全部完成，计划建设航道里程为16.83公里。

新修建的寺沟峡铧尖寺码头

第三节　湖区航运

——青海湖航运。青海湖是我国最大的内陆湖泊。环湖周长360公里，水域面积4583平方公里。于20世纪60年代开发，20世纪80年代，青海湖鸟岛对外开放，撤销"151"鱼雷试验基地，旅游观光航运兴起。青海湖航运工程（二期）是青海省"十二五"水上交通基础设施重点项目，为今后适应景区发展夯实基础。

青海湖航运码头

青海湖二郎剑东码头

——可鲁克湖。可鲁克湖在柴达木盆地的东北部，湖中有60多种植物，放养有鲤鱼、螃蟹等水产品。1983年新建1座长100米、宽4米的码头，引进1艘机动游览船，供游客湖上观光。2019年，运营在可鲁克湖上的各类船舶和快艇共8艘。

德令哈可鲁克湖码头

可鲁克湖渔船

可鲁克湖小游艇

——茶卡盐湖。茶卡盐湖位于柴达木盆地的最东段。1949年，建有茶卡盐厂，生产主要靠人工，后来逐步发展到机械化。2013年，一组茶卡盐湖"天空之境"的照片，吸引了大批游客。2019年，运营在茶卡盐湖上的各类船舶和快艇共11艘。

茶卡盐湖码头

第四节　海事运输管理

——水上运输。2018年底，共有航线16条，码头32个，泊位60个，航道通航里程达到754.91公里，客运量和旅客周转量为95.24万人、1030万人公里。预计2019年将完成客运量105万人，旅客周转量达到1050万人公里。

循隆高速公路水上运输

贵德钢琴广场航运

——船舶建造与水上安全。1987年，龙羊峡蓄水发电形成特大型水库，7万余名群众隔水相望，交往困难。群众自筹资金进行库区水上运输，各种船只发展到46艘，中断数十年的民间黄河运输再度兴起。2005年以来，青海省交通厅加大投资购置海事巡逻艇，以加强海事救助工作。2018年，全省通航水域各类船舶达到245余艘。党的十八大以后，广泛开展"水上安全知识进校园""安全生产月"等专项活动。2018年底，我省连续27年无水上监管责任死亡事故发生。

2015年在青海湖建造海事巡逻艇

船舶维修保养

航标

贵德县地方海事局救助指挥分中心

疏浚船正在疏浚作业

——港监船检技术。1991年，定向委培高、中级专业技术人员16名。1996年，青海选派3名管理人员参加国家船检局武汉培训中心举办的验船师培训班，并取得"验船师培训合格证书"。港监、船检技术骨干委培和船员资格证书专项培训打造了青海构建港监、船检和船员专业队伍。

船舶检验业务培训

航道养护疏浚

信息化监控系统

——机构配置。2003年,青海省地方海事局成立。2018年,全省共有各级海事水运管理机构20个,海事水运管理人员157人。其中,实现独立办公的海事水运管理机构12个,合署办公的管理机构8个。

集中培训

军事化训练

——合作交流。在交通运输部的统一安排部署下,地方海事局组织实施"结成帮扶对子"活动。近年来,我省与江苏省海事局、湖北省船舶检验局、深圳海事局等单位紧密联系,合作交流,通过互相帮扶,进一步提升了我省海事工作能力和水平。

与深圳海事局结"对子"

海事执法人员业务培训

第三章 邮政管理

第一节 早期邮运

1949年，青海解放前夕，全省只有西宁、都兰等地设邮局，互助、祁连等地设邮亭，共有邮政代办所32处。全省邮路总长度1727公里，主要以步班、畜力班进行运送。1952年，西宁市实现"邮电合一"，在西宁邮电局的基础上，成立邮电部青海邮电管理局，改变了与甘肃省长达40年的隶属关系。1969年，国务院撤销邮电部，全国邮政、电信分设。1973年3月，恢复青海省邮电管理局。

20世纪50年代的帐篷邮电局

1956年，西宁至大柴旦邮政班车通车纪念

20世纪60—70年代牧区"牛背信使"

第二节　邮政管理体制革新

党的十一届三中全会以后，随着改革开放政策的实行，党和国家工作重心转移，青海邮政事业发展焕发勃勃生机。到 1985 年底，全省共有邮电局（所）243 处，邮路总长度 1.22 万公里，与世界 115 个国家和地区通邮，乡镇通邮率达到 99%。

1986 年全国五一劳动奖章获得者、黄南州邮递员杰果

1987 年，位于五四大街 26 号的青海省邮电管理局

1986 年，青海邮政在函件、包裹、汇兑、报刊发行传统业务基础上，相继开办邮政储蓄、特快专递等业务。1987 年，《中华人民共和国邮政法》实施，结束了新中国成立 30 多年以来邮政工作无法可依的状况。1998 年，省级邮政、电信分营全面结束，从 1999 年开始各自独立经营。

20 世纪 80 年代黄南州邮电局

早期西宁市邮政大楼

省劳动模范、西宁市邮政局投递员王秀清

1996 年，雪域邮运路

第三节 邮政业务转型升级与集约化发展

1999年,青海省邮政局挂牌独立运行,标志着青海邮政事业的发展进入了一个新的历史时期。青海邮政实行国家邮政局、省人民政府领导,以国家邮政局为主的管理体制,在所辖区域内实行行业管理,为公用型企业,为党政军民及社会提供邮政业务服务。

2003年,注重发展邮资封业务,提出"一校一封"的目标。2003年底,开发青海民族学院等校园邮资封16万枚,发出公安、高考录取通知书等14种单证照类业务,开办异地车辆养路费代办、重要保险单据速递业务。2004年开始,注重包裹营销。全省邮储在各网点开办代收青海电网用户电费业务。

1999年,全省县以上城市(镇)城区实现包裹投递到户

2003年,青海邮政综合网

繁忙的特快专递业务处理现场

2005年,格尔木市邮政局营业厅

2005年,西宁至门源邮路运输

2005年,青海邮政"11185"客户服务中心系统工程竣工验收,实现省内一码通,"11185"由服务型向经营型转变,为全省邮政经营与服务提供支撑。

2006年，青藏铁路西宁至拉萨火车邮路开通

第四节 基础设施建设与网络化快速发展

2006年，青藏线铁路邮路开通，增开了西宁至德令哈省内二级干线逐日班汽车邮路和格尔木的临时邮路，解决了315国道沿线进出口邮件运输问题。

2007年，青海省邮政管理局、青海省邮政公司挂牌成立。开辟了4条特快趟车，增开了机场航空趟车，加快发往华东、华南地区特快邮件和本省出口快递邮件的运递速度。

2007年，青海省邮政管理局、青海省邮政公司正式挂牌成立

2007年，西宁邮区中心局繁忙的邮件转运现场

2008年，中国邮政储蓄银行青海省储蓄分行成立，邮政储蓄业务正式开始专业运营。同年，青海省快递协会成立。2010年，玉树地震发生后，青海邮政第一时间投入抗震救灾，在最短时间内将党报党刊、信件、救灾物资送达地震灾区。全省366个乡镇中，213个乡镇有较为固定的投递方式，已通邮的行政村达3069个，占行政村通邮比率的60%。

2008年7月，青海省快递协会成立

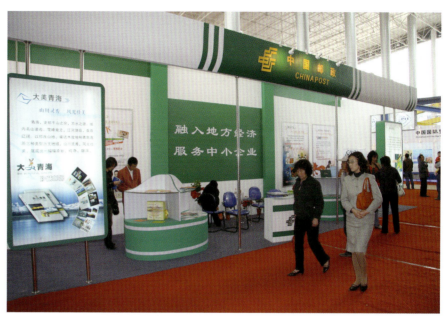

2008年，青海邮政首次参加中国邮政品牌形象宣传活动

快递员有了自己的娘家——"爱心驿站"

省垣快递企业员工为灾区募捐

2011年，3419厂和西宁火车西站两个西宁邮区中心局过渡场地建设完成。2015年，以"互联网+"为基础，积极实践"邮政+"和"快递+"战略，在部分农村建成"邮政+电商"综合服务平台78个，建成"快递+电商"综合服务平台16个。

邮运途中　　　　　　　　　　　　　　　2015年，海东市互助县群众在邮政网点运用电商平台购物

2016年，西宁至德令哈、玉树、格尔木3条省内支线航班邮路开通运营，结束了青海省没有航空邮路的历史，邮政业与综合交通运输体系融合更加深入。世界首个以河流流序命名的"长江1号"主题邮局，在青海省海西州格尔木市唐古拉山镇长江之源——沱沱河畔落成并开业运营，开创青海邮政服务新模式。

航空邮政运输　　　　　　　　　　　　　　　"长江1号"主题邮局

2017年是青海省快递业发展进一步向规范化、规模化、自动化、集约化迈进的一年，对青海省快递行业加快实现转型升级、提质增效具有里程碑式的重要意义。

2018年，全省邮政行业业务总量完成7.15亿元。全省建制村通邮实现全覆盖，提前一年完成"十三五"期间建制村直接通邮全覆盖目标，基本实现"乡乡设所、村村通邮"目标，省内邮件传递时限和县级城市党报党刊当日见报率稳步提升。业务收入超千万元的快递企业达8家，业务量超百万件的快递企业达6家，本地自主快递服务品牌3家，寄递服务网络逐步健全完善，基础服务能力进一步增强。累计建成站点1157个、县级地方馆42个，带动584.8吨农畜产品进城，邮政服务"三农"能力不断增强。快递网点覆盖全省210个乡镇，覆盖率达57.53%，建成农村快递公共取送点120个。

西宁邮区中心局

快递业现代化投递的示范——智能快件箱

西宁快递行业持续健康高速发展

新中国成立70年以来，从弱到强，青海邮政业发展快速，尤其是改革开放后，邮政事业始终保持稳中向好的态势，运输网络逐步完善，通邮能力日趋增强，服务水平不断提高，"小快递"服务"大民生"的作用凸显。目前，全省邮政普遍服务网点数457个，村邮站675个，邮乐购站点1190个；省级注册及备案快递企业33家，从业人员7735人，运输投递车辆4200余辆，乡镇快递网点覆盖率达到64.11%，城市快递自营网点标准化率达到86.49%，逐步实现全流程网上办理和"一门、一次、一网"要求。全省邮政行业电子运单使用率达95.47%，基本实现79.95%的电商快件不再二次包装，198个邮政快递网点设置包装废弃物回收装置。西宁、海东、海北、海南、黄南5个市（州）相继成立非公快递行业工会，200名快递从业人员免费享受健康体检。

海西天空之境主题邮局

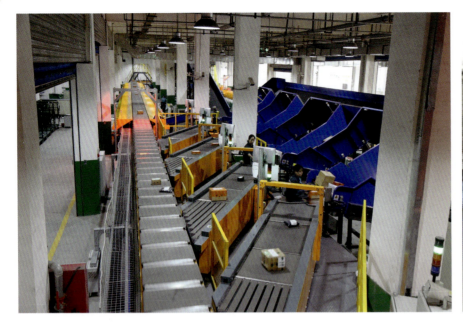
西宁邮政业现代化分拨中心

邮政公司投递员将党和政府的声音第一时间送到牧民家中

高原干线邮路

第四章 工作现场

第一节 路桥建设现场

工程测量

试验比对

基础铺筑　　洒水碾压

基础整形

边沟滑模

路面铺筑

摊铺碾压

预制构件

加工钢筋笼

浇筑混凝土

第四章 工作现场

混凝土养生

运送梁体

墩柱浇筑

箱梁架设

内部焊接

桥梁合龙

隧道掌子面排危石

隧道施工

隧道掘进

路面结构层碾压

SBS改性沥青上面层施工现场

第四章 工作现场

扎倒高速公路建设现场

工程质量检查

隧道有害气体安全检测

路面质量检测

第二节　养护保通现场

扫除杂物

铲修路肩

边坡整形

冲洗路面

清除淤泥

疏通边沟

第四章　工 作 现 场

移除积沙

刷新护柱

安全养护

清除积雪

修补坑槽

环境整治

路面水毁抢修

抗战雪灾

应急疏通

夜间养护

旅游线路保通

共玉高速公路保通

第三节 交通执法现场

源头走访

路政执法

运政检查

执法巡逻

客运整治

疏堵保通

治理超限

路警联动

现场勘查

查看道路运输证件

紧急救援

专题宣传

第四章 工作现场

发放宣传手册

维持秩序

清雪保通

热情服务

依法拖车

保障通行

路警应急演练

岗位练兵

第四节　运输保障现场

出租车

绿色公交

县乡班线

通村公交

班线运输

高速货运

第四章 工作现场

一路畅行

物资货运

良好的售票环境

热情服务

沟通交流

水毁保通

处理山体塌方

清理泥石流

雪灾应急保障

山体灾害预防

隧道应急演练

事故应急演练

第五章 畅美交通

第一节 青藏公路

旺尕秀段

茶卡段

日月山段

大水桥段

青海湖段

日月山段

湟源峡段

湟水峡段

伊克高里段

青藏公路

青藏公路

第五章 畅美交通

青藏公路

第二节 重点项目

位于西宁市境内，全长 11.57 公里，2018年 11 月西段通车

凤凰山高速公路立交

位于西宁市境内，联系宁大高速、京藏高速、西塔高速，是西宁市较为重要的交通枢纽之一

朝阳互通立交

共玉高速公路

共玉高速公路

花久高速公路

位于果洛州境内，全长389公里，建成时间2017年11月

共和至玉树高速公路，全长 634.88 公里，建成时间 2017 年 8 月

花久高速公路

牙同高速公路

牙同高速公路

第五章 畅美交通

位于海东市和黄南州境内，全长 62.75 公里，建成时间 2016 年 7 月

大循隆公路

位于海东市循化县境内，全长 97.6 公里，建成时间 2018 年 11 月

大湟平公路

位于西宁市大通县、湟中县、海东市平安区境内，全长121.7公里，建成时间2018年11月

民小一级公路

位于海东市民和县、乐都区、平安区境内,全长118.45公里,建成时间2017年6月

民小一级公路

位于海东市互助县、乐都区境内,全长62.57公里,建成时间2019年5月

扎碾公路

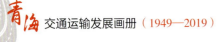

青海 交通运输发展画册（1949—2019）

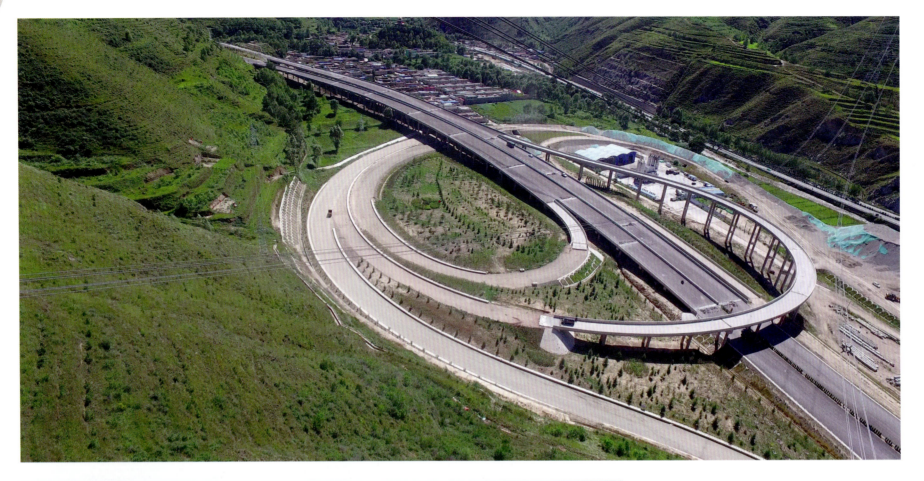

位于多巴镇扎麻隆村附近，和倒淌河立交至共和段公路顺接，全长65.2公里，建成时间2019年12月

扎倒高速公路

第五章 畅美交通

位于海西州境内，全长155公里，建成时间2018年1月

香花高速公路

川大公路

位于民和县川口镇境内,全长 66 公里,建成时间 2016 年 12 月

德香高速公路

位于海西州境内,全长165公里,建成时间2016年10月

茶格高速公路

位于海西州境内，全长 474 公里，建成时间 2016 年 10 月

青海 交通运输发展画册（1949—2019）

大察高速公路

位于海西州境内，全长146公里，建成时间2012年7月

第五章 畅美交通

俄祁二级公路

位于海北州祁连县境内,全长 72.8 公里,建成时间 2016 年 9 月

德小高速

位于海西州境内,全长187.5公里,建成时间2012年1月

南绕城高速公路

位于西宁市境内,全长 59.7 公里,建成时间 2015 年 12 月

互助十二盘旅游公路

位于海东市境内,全长 91.7 公里,建成时间 2017 年 11 月

第五章 畅美交通

李家峡盘山公路

位于黄南州尖扎县境内,全长 27.97 公里,建成时间 2002 年

当大高速公路

第五章 畅美交通

位于海西州境内，全长 386 公里，建成时间 2012 年 10 月

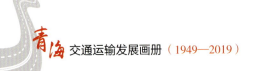

曲不公路

位于玉树州境内，全长 310 公里，建成时间 2016 年 10 月

涩茶公路

位于海西州境内,全长 162 公里,建成时间 2019 年 11 月

杂囊草原公路

位于玉树州境内,全长 441 公里,建成时间 2016 年 11 月

国道 315 线

第三节 高原桥隧

尕玛羊曲黄河特大桥

位于海南州境内,全长12.9公里,建成时间2017年9月

苏龙珠黄河大桥

位于海东市循化县境内，全长 320 米，建成时间 2017 年 10 月

第五章 畅美交通

唐乃亥黄河大桥

位于海南州境内,全长 3.4 公里,建成时间 2017 年 9 月

乙麻目黄河大桥

位于海东市循化县境内，全长 1.87 公里，建成时间 2016 年 9 月

牙同高速海黄大桥

位于黄南州尖扎县境内，全长 1.74 公里，建成时间 2017 年 9 月

隆务峡黄河大桥

位于黄南州境内，全长 310 米，建成时间 2004 年 12 月

卡日一号大桥

位于果洛州境内，全长 1.57 公里，建成时间 2017 年 9 月

达日黄河大桥

位于果洛州境内,全长 270 米,建成时间 2018 年 9 月

扎果大桥

位于果洛州境内，全长940米，建成时间2017年9月

牙同高速高架桥

位于黄南州境内，全长 2.42 公里，建成时间 2017 年 9 月

通天河大桥

位于玉树州境内,全长 1.15 公里,建成时间 2016 年 10 月

门堂黄河大桥

位于果洛州久治县境内,全长 750 米,建成时间 2017 年 9 月

西宁至贵德公路上的黄河清大桥

位于海南州贵德县，全长 366.08 米

雪山1号隧道

位于果洛州玛沁县境内,全长4.57公里,建成时间2017年9月

位于玉树州境内，全长 2.4 公里，建成时间 2015 年 11 月

长拉山隧道

位于海东市境内，全长 2.73 公里，建成时间 2019 年 5 月

扎碾沟隧道

位于海东市境内，全长 2.47 公里，建成时间 2018 年 11 月

红崖隧道

位于果洛州境内，全长 2.81 公里，建成时间 2017 年 9 月

大武隧道

老鸦峡二号隧道

位于海东市境内，全长 2.83 公里，建成时间 2003 年 6 月

雁口山隧道

位于玉树州境内，全长 3.973 公里，建成时间 2017 年 8 月

大峡隧道

位于海东市境内，全长 1.63 公里，建成时间 2017 年 6 月

河卡山隧道

位于海南州境内，全长 2.30 公里，建成时间 2017 年 8 月

柳梢沟隧道

位于海南州境内，全长 3.81 公里，建成时间 2013 年 8 月

岘子隧道

位于海东市境内，全长 3.44 公里，建成时间 2016 年 12 月

第五章 畅 美 交 通

湟中至贵德一级公路上的拉脊山隧道

位于青海东部拉脊山区，右幅全长 5.56 公里，建成时间 2012 年 11 月

隧道内部亮化

第四节 客货场站

多巴双寨物流园区

西宁客运中心站

天峻县客运站

玉树汽车站

第五章 畅美交通

西海镇汽车客运站

贵德县汽车客运站

大通汽车客运站

共和县汽车站

门源县汽车站

121

大柴旦汽车站

班玛线汽车站

茶卡汽车站

民和客运站

尖扎汽车站

第五节 科技信息化

冻土研究基地

通风烟囱路基试验段

蠕变路基试验段

块片石路基试验段

冻土研究成果热棒群

花石峡观测基地数据核查

博士后科研工作站揭牌仪式

网络信息总控机房

应急系统

网络机房验收

交通运输服务监督电话 12328

应急处置大厅

第六章 怀旧篇

第一节 老用具、老照片

老式经纬仪

老式交通流量记数机

老式公路工程仪器

手持水准仪

天平秤

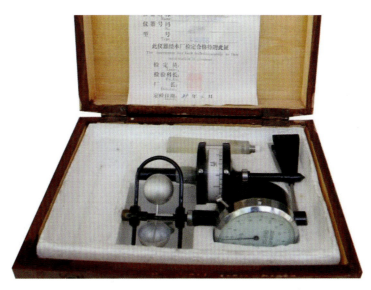
20世纪80—90年代使用的轻便三杯风向风速表

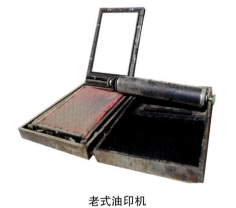
老式油印机

老式打印机

20世纪70年代三镜头幻灯机

配电箱

20世纪60年代的幻灯机

20世纪90年代公路工程仪器

电影胶片

三角尺

路工常年用的铁锹头

第六章 怀旧篇

早年木工间使用的推刨

早期马灯

早年总务办公室使用过的盘秤

青藏公路改建纪念牌

早年使用的光电式液塑限测定仪

早年使用的公路汽车补充客票

20世纪60—70年代交通职工使用的保管箱

早期路工穿过的棉大衣

20世纪70年代御寒大棉帽

20世纪70年代交通职工使用过的茶缸子

20世纪80年代交通系统通用瓷盆

20世纪50年代公路职工合影

第六章 怀旧篇

1959年，柴达木地方工业交通系统职工合影

1960年，柴达木地区公路职工留影

1961年，柴达木五金机械修配厂合影

1964年，大柴旦养护段职代会留影

1983年，先进生产工作者代表留念

1983年，海西养路总段表彰先进暨生产动员誓师大会留影

20世纪80年代公路运输工会留影

第二节 老旧机车

20世纪40—50年代胶轮蓄力车

20世纪60年代小四轮

手扶拖拉机曾一度成为西部公路线的特色

20世纪60—70年代大拖拉机

20世纪60—70年代交通工业

20世纪60年代嘎斯车

老卡车

老式吊装车

老式货运车

老式加长版货运车

老式客车

早期公路职工乘坐的通勤车

报废的沥青洒油车

报废的洒水车

报废的推土机

报废的黄河汽车钻

第七章 市 州 篇

第一节 西宁市交通运输

一、早期西宁市交通运输状况（1949 年前后）

到 1949 年 9 月 5 日西宁解放时，西宁城区的公路仅为 36.92 公里。行驶在公路上的运输工具，多为军、公单位自用和私商所有的马拉胶轮大车。

二、青海解放后的交通运输（1950—1977 年）

1950 年 4 月，西宁军政委员会主席、西北军区司令员彭德怀来西宁视察，修复西宁至倒淌河再至黄河沿岸 500 公里的青康公路。

1955 年，以 2 部美国产"福威特"牌货车改装成的简易客车起步，开辟了 1 路（湟光十字向东至乐家湾）、2 路（湟光十字向西至小桥）公交车，结束了西宁市无公共交通的历史，当年完成行驶里程 2.64 万公里，当年完成客运量 44 万人次。

三、改革开放初期（1978—1991 年）

党的十一届三中全会后，党和国家的工作重点转向经济建设。西宁市交通运输进入一个新的发展阶段。

1978 年末，在西宁地区运行的车辆达到 10619 辆，市区还有 3000 多辆拖拉机在从事民间运输。

1983 年 10 月 1 日，西宁市长途汽车站在建国路建成。同年，西宁市公交公司先后开辟了西宁至青海湖、西宁至龙羊峡旅游线路。

1985 年，个体户方菁购买第一辆"青海湖"大客车，经营西宁至热水客运班线。1987 年，西宁市个体出租小汽车发展到 115 辆。20 世纪 90 年代初，青海逐步形成了以西宁市为龙头，以大宗货源单位为依托，以货运交易机构和汽车站为载体，整车运输、零担运输等形式相互结合，国有、集体、个体车辆竞争发展的货运网络新格局。

四、深化改革时期（1992—2000 年）

这一时期，在全省公路建设快速发展的带动下，青海资源开发的进程不断加快，路网基础设施不断改善。1995 年，西宁至宁夏银川卧铺客运班线开通。1995 年开始，西宁市出租车车型逐步升级，"天津大发""重庆长安"等微型面包车成为城市出租车主力车型。2000 年，全市公路通车里程达到 1667 公里。全市营运车辆达到 12140 辆。

五、西部大开发时期（2001—2012 年）

国家实施西部大开发战略后，西宁市积极争取国家和省交通厅项目投资，全市交通基础设施建设步入历史上发展最快、投资最大、群众受益最多的时期。

2002 年，西宁市 400 余台小公共汽车退出城市公交客运，将其置换为出租汽车经营指标，当年出租汽车数量达到 5116 台。2003 年，西宁市交通局协调有关部门投资 7200 万元，提高乡村道路等级 1200 公里，全部达到四级砂路。2011 年，建国路桥、五一桥、报社桥拓宽工程相继建成。西宁至三县的公交专线和快速客运线路全部开通运营，形成了以西宁为中心，向周边三县辐射的半小时交通圈，推进了城乡公交一体化进程。至 2012 年末，西宁市公交线路达到 74 条，全市营运车辆达到 51169 辆，线路总长度 1267 公里。

六、交通运输大发展（2013—2019 年）

这一时期，西宁市深入贯彻党的十八大、十九大精神，全面推进交通运输管理体制机制改革，全市交通运输行业进入综合、智慧、绿色、平安相互协调发展的新阶段。

2014年，新增150辆预约电召出租车，市区出租汽车总量达到5666辆，群众出行更加便捷。2015年12月，西宁市交通局更名为"西宁市交通运输局"。2016年1月，西宁客运中心站正式启用。2017年，争取中央财政专项资金2亿元，支持冷链物流体系建设。西宁市7家物流企业成功入围交通运输部"无车承运人"试点企业名单。2019年，"滴滴""易到""首汽""神州专车"和"斑马快跑"5家网约平台公司获得网约平台经营许可证。

从1949年到2019年，70年的发展，从无到有，从新到优，西宁交通运输形成了以长途客运为骨架、城乡客运为脉络，旅游客运、出租客运、公交客运相互补充的道路客运网络，形成了高速客运相衔接，长、中、短途相结合，高、中档次车型相配套的客运市场格局。到2018年，西宁境内已有6条170公里高速公路，主城区东南西北进出口均实现了高速化，高速公路成为西宁市主要交通通道。到2018年底，全市公路通车总里程达到5222公里。交通运输支持乡村旅游发展力度加大，"运游一体"服务全面拓展。农村特色产业、休闲农业和乡村旅游等的交通条件逐年改善。卡阳村、凤凰山、上山庄花海、贾尔藏等乡村旅游公交线路相继开通，乡村旅游景区、人口密集区域的停车场、充电桩等基础设施建设配套逐步完成。站务服务全面改善。公交优先战略全面落实，"公交都市"创建任务有序推进。快速公交、定制公交、夜班公交、区间公交、旅游公交等服务模式快速发展，公交线网优化持续推进，人民群众在工作和生活中分享了城市公交改革发展的成果。多式联运、甩挂运输、冷链物流加快发展。随着市域路网结构的完善以及高等级快捷路网的建成，公路运输的触角遍及全市城乡，在服务乡村振兴战略、全面建成小康社会的进程中发挥着不可替代的重要作用。全市交通运输行业安全生产形势稳中向好，有力保障了全行业的安全稳定发展。

20世纪50—70年代西宁地区的民间运输主力马车运输合作社

西宁市20世纪50—60年代的公交车

1958年省长袁任远等领导参加西宁火车站路基修建

第七章 市 州 篇

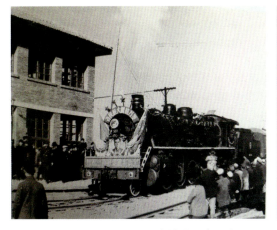
1959年10月，兰青铁路通车西宁

1985年的市内出租车

1985年的短途小客车

1985年的市运输公司停车场

1985年的西宁公交公司停车场

1997年市公交公司收购青海客车厂

公路建设

农村公路建设

2013年5月,公交车新车上线

2014年11月,西宁市出租车运价调整听证会

西宁公交智能调度系统

通村公交

西宁市区智能停车系统

南川西路客运站

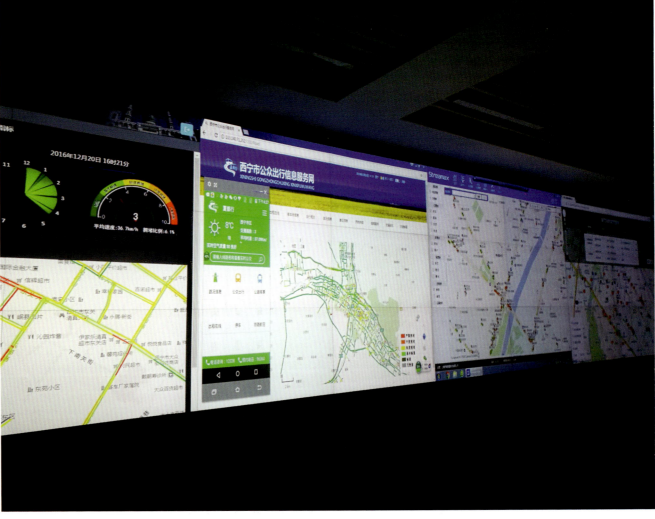
西宁市综合交通信息中心

第二节 海东市交通运输

一、早期交通运输状况（1949—1977年）

1949年，在享堂大通河上修建了全省第一座悬索桥，打通了出入青海的门户。1949—1952年，重点改建了甘青公路，重建了大峡桥，改建了老鸦峡傍山险道。1957—1959年间，海东先后成立了汽车队、运输队（汽、马车合并并组建）。1959年，又掀起轰轰烈烈的群众筑路大潮，使地方道路修建有较快的发展。1969年，青海省革命委员会决定兴建循化黄河大桥，于1970年11月建成交付使用。

1964年，开办了川口至官亭货车载客班车，县内客运通车里程达到200公里，80%的公社通了车。1976年，与甘肃临夏运输公司商定，互开临夏—循化间跨省定期班车，区间客运有了较大扩展。同年将客车队从汽车队中划出，另组建专营客运的互助县公共汽车公司。

二、改革开放初期（1978—1991年）

党的十一届三中全会后，海东掀起了第一次大规模公路建设高潮，公路交通事业特别是农村公路持续快速发展。

1978年，经省交通厅批准，湟源、湟中、互助、乐都、平安5县分别同省运输公司组织对开班车。1981年，湟中县汉东乡农民哈守业等人，购买载货汽车12辆经营运输，成为全省首批农民运输专业户。1984年底，境内公路通车里程约4800公里。之后的十几年间，新改建了国道109线甘青公路民和享堂至西宁杨沟湾段及互助北山旅游公路等国省干线及县际公路。先后完成了民和县川官三级砂路及大路至中岭公路等县乡公路和部分配套桥梁，极大地改善了海东地区公路的通行条件。

三、深化改革时期（1992—1999年）

1992—1995年，完成新建公路20条（段）232公里，改建公路20条（段）385公里。150个乡镇全部通了公路，其中143个乡镇通了客运班车，通车的行政村达到85%以上。

1998年，海东拥有汽车1.3万辆，手扶拖拉机6.5万辆，农用车700辆，货车5672辆，客车1652辆。1999年底，作为东大门，海东基本形成了以国省干线公路为主线，以县乡道路为支线，毗邻省、州、市相连接的四通八达的公路网络体系。

四、西部大开发时期（2000—2012年）

2000年以来，坚决取缔"三马子"和厢式三轮摩托车等不合格运输工具非法营运行为，淘汰一批技术性能不合格的营运车辆。2004年，平安、乐都、互助、循化相继开通了城乡一体化公交车，同时平安、互助也开通了平安至西宁、互助至西宁城际公交线路。

2004—2005年，省交通厅大力实施乡乡通油路工程，海东建成通乡油路22条348.68公里。至2010年底，初步形成以国省道为骨架，县乡村公路为脉络的外连毗邻省、市、州，内通县、乡、村的"四纵六横"区域路网格局。2011年，开工建设了阿岱至牙什尕高速公路、清关公路、西宁至飞机场南绕城高速公路、曹家堡临空综合经济园一号路、乐都一级汽车站等项目。

五、交通运输大发展时期（2013—2019年）

党的十八大胜利召开，省交通运输厅对海东市在交通项目和资金上给予鼎力支持，将海东作为干线公路建设的主战场，全市国省干线公路建设实现跨越式发展。

2014年，整合平安和乐都两区客运资源，组建成立了海东市公交集团公司。2017年底，全市共有公交车678辆，新改建农村公路10644.21公里，公路通畅率为100%，1587个行政村村内道路硬化实现了全覆盖，村道硬化率为100%。

2017年民和、化隆、互助等县利用扶贫贷款专项资金，实施硬化道路806.74公里。海东市交通运输局被市文明委评为2016—2017年度市级文明单位。在省交通运输厅的大力支持下，带动建设了一批城镇道路和连接机场、园区、铁路站点的基础设施，改善了全市城镇的通行条件，为构建综合交通运输体系奠定了基础。2018年全市农村公路列养里程6528.056公里，农村公路管养效率和水平进一步提高，农村公路通行面貌得到着力改善。2018—2019年，乐都区确定了康泰路、共和路、水峰路、转大线4条"路政管理示范路"，进一步为创建全国示范县提供保障。

早期的黄河上游化隆县群科—康杨渡口

西宁至互助公路运输

甘青公路（莲花台）

民工建勤修建农村公路

早期修建的平大公路

互助到西宁客运班线运营

建成运营的循化汽车站

20 世纪 90 年代路政执法人员现场勘察路损情况

甘青公路老鸦峡段

运政管理人员上路检查

修建完成的平安至西宁高速公路

市公交集团公司购置上线的比亚迪纯电动公交车

建成投入使用的群科园艺场航政楼

拱拜寺码头

乐都区被交通运输部评为首批"四好农村路"全国示范县

循隆高速公路

第三节 海西州交通运输

一、解放前的公路交通状况

1949年，国民政府曾修建由西宁至茫崖的青新公路，全长1071公里，海西境内810公里，为海西公路之始。1954年12月15日，慕生忠将军带队修筑的青藏公路建成通车。1958—1959年，德令哈至都兰简易公路粗通。至1978年，全州有国道3条、省道4条、县乡道37条、专用公路52条，通车总里程5927公里。

二、公路建设

国省公路：国道109线—青藏公路，历经10年的全面升级改造，于1985年全面竣工并交付使用。2013年5月，青海省交通厅筹资修建茶卡至格尔木的高速公路，于2016年10月建成通车。1978—1991年，先后新建和改建完成德令哈尔海支线、宗务隆乡等37条县乡公路。2013—2017年，新建和改建农村公路7803公里。至2018年，全州通车总里程近1.5万公里，其中农村公路通车里程为8280公里。

三、道路运输

改革开放前，海西道路运输方式以畜力运输为主，伴随经济社会的发展和生产力的提高，海西道路运输逐步向现代运输方式转变，货运、客运、维修、驾培等各领域得到全面发展。

客货运输：1950—1953年，全海西境内没有客运班车，以邮车、货车搭载旅客为主。1954年，开通大柴旦、格尔木的客运班车。1959年，冷湖石油管理局开办了用货车接送职工的免费公共汽车。2000年以来，格尔木市及德令哈市开通公交线路，为广大市民提供了便利的交通服务。2017年，全州出租车总量达到2599辆。1983年，外省籍货运车辆开始进入海西，出现了争夺货源、自定运价的混乱状况。至2017年，全州已建成汽车站43个，具备条件的建制村、工业园、旅游景点均建有简易站或招呼站。

四、公路管理和养护

路政管理：1983年后，《中华人民共和国公路管理条例》颁布实施，到2009年，海西撤销了各地区拖拉机养路费征稽所（站），成立两市、三县5个农村公路路政管理大队，不断加强与公安交警、交通运政、高速路政、国省干线路政等部门的协调配合，持续不断开展超限超载治理联合执法行动，为依法保护公路的路产路权发挥了重要作用。公路养护：20世纪50年代，海西境内道路养护主要依靠洋镐、铁锨、架子车等生产工具，多在离公路20米以内选砂采料、修补路面。20世纪60年代，养路工人自制出适应骆驼、驴、牛拉的刮路机，比早期的人力养路有了较大进步。改革开放后，随着公路养护体制改革的不断深入，海西公路养护事业不断发展壮大，建立起国省干线和农村公路权责明确的养护管理机制。

五、地方铁路和水运

海西地方铁路建设始于1978年，其后的27年间，地方铁路没有得到发展。察汉诺至茶卡盐厂铁路于1979年3月通车，主要运输"茶盐"。柴达尔至木里铁路于2010年建成投入运营，被誉为"青海省第一条地方铁路"。锡铁山至北霍布逊铁路于2015年底正式通车运营。红柳至一里坪铁路于2016年底基本建成。

海西的水路运输始于20世纪70年代末，伴随着改革开放和可鲁克湖—托素湖、茶卡盐湖旅游资源的开发，有效带动了海西水运事业的发展。2017年，茶卡盐湖景区旅游人数突破250万人次。同时，茶卡盐湖旅游文化发展股份有限公司向州海事局申请水运项目，并采购了7艘游艇和快艇，经审核取得经营许可，当年水运客运量达到4.6万人次。

新中国成立70年来，尤其是改革开放以来，海西交通运输事业在党的领导下，在国家和省委、省政府及州委、州政府的大力支持下，经过广大交通职工艰苦努力、顽强拼搏，发生了翻天覆地的变化。海西现已形成了以格尔木市、德令哈市为中心，以青藏铁路、国省干线公路为骨架，以格尔木、德令哈、花土沟机场和水运设施为支撑的综合交通运输体系。如今，一条条泥泞的土路变成宽阔便捷的沥青水泥路，通到千家万户；一条条高速公路在城市间贯通，画出吉祥的彩虹；一条条钢铁巨龙翻山越岭，架起民族团结进步的天路。

20世纪40—50年代柴达木的骆驼运输队

20世纪60年代，车队驶入柴达木

大型油气运输车队

格尔木市新能源公交车

茶卡盐湖水上运输安全检查

大柴旦运管所联合路政大队源头企业治超安全检查

共和至茶卡高速公路公路通车典礼

国道 315 线绿黄段二级公路

交通运输应急保障集结演练

德令哈机场试通航

花土沟汽车站

第四节　海南州交通运输

一、早期交通运输状况（1949—1977年）

1953年自治州成立以后，修筑西宁至贵德120公里的宁贵公路。至1959年，全州通车里程达1529公里。至20世纪60年代，海南州成立以货运为主的汽车队。1964年，整修沙沟至过马营61公里和贵南茫什多滩至同德县城63公里公路。这一时期，青海湖开始了现代航运。1972年，州汽车队购进大客车7辆，开始经营客运业务，主要往返于西宁与恰卜恰之间。1977年，随着龙羊峡水电工程开工建设，修建了吊龙、三贵等一批公路干线。

二、改革开放初期（1978—1991年）

1978年，改建完成海南州境内东起日月山口，经倒淌河镇、青海湖渔场、江西沟乡、黑马河乡、橡皮山，西至大水桥全长172公里青藏公路。1991年，投资480万元建成贵南县城至茫拉乡政府全长15公里的四级砂路。1997年，相继建成兴海县、贵德县、贵南县、同德县、龙羊峡汽车站。

三、改革深化时期（1992—1999年）

1999年，全州累计完成公路建设投资15.97亿元，新建改建等级公路26条1027.5公里。20世纪90年代初期，宇通、金龙、亚星牌客车取代了青海湖牌客车，时速提高到40公里左右。1990年后，为便于居民出行，开始发展城镇公共交通。1992年7月，成立海南州货运交易所。1999年，车辆从天津大发车逐步更换为夏利小轿车，部分已更换为桑塔纳、富康等车型。1998年，共和县首先成立正大出租车行，参运出租车120辆。

四、西部大开发时期（2000—2012年）

2000年，共和县第一家具有民营性质的汽车运输公司成立。2002年，西久公路湟中—贵德段改建为二级公路。2010年后，在农业区乡（镇）建立了6个"家庭养护工区"。同德县和兴海县路政管理站成立。路政机构成立后，加大了辖区内公路巡查力度，全州路政管理工作依法有序开展。

2012年，全州共实施农村公路建设项目119项，完成投资22218万元，建设里程1176公里。全州已开通客运班线68条，班线客车148辆，日均发送177班次，营运里程达1.2万公里，全州乡镇通班车率达到100%，班线客运延伸到甘肃兰州。

五、交通运输大发展时期（2013—2017年）

2013—2014年，全州货运车辆达到5855辆54393吨位。2015年，推进城乡公交一体化工作，全州城乡公交线路和农村客运班线55条，实现了乡镇班线全覆盖。2016年，全州客运车通乡率达到100%，通村率达到82.98%，全州推广新能源和清洁燃料公交车。2017年底，全州境内公路里程达到12304公里，是改革初期2660公里的4.62倍。高速公路从无到有，共和至茶卡、共和至玉树高速建成通车。全州营运性客运车辆共138辆5034座。海南州在全省治理车辆超限超载工作目标考核中连续3年荣获优秀。同德县被省人民政府命名为全省第一批"四好农村路"示范县。全州有水运企业3家，旅客运输船舶31艘513客位。

新中国成立70年以来，海南州交通网络覆盖范围一步步扩大，交通基础设施规模和能力、运输服务质量和水平得到明显提升，在推动全州经济社会发展中的基础性、先导性、保障性作用进一步加强，以国省干线公路为主骨架，以农村公路为脉络的公路网络已基本形成，为把海南州打造成全省民族团结进步先行区和三江源区绿色产业集聚发展桥头堡，提供了交通运输保障。海南州交通运输局先后被交通运输部授予全国交通运输行业文明单位，被省精神文明指导委员会评为省级文明单位，被省交通运输厅评为全省交通行业文明单位标兵，被当时的兰州军区授予"玉树抗震救灾交通保障先进单位"，被州委、州政府授予民族团结进步先进集体、优秀领导班子等荣誉称号。

贵德黄河老浮桥

公路穿越同德县境内的河北峡

贵德县水毁路段抢修现场

2013年，贵德县河东至东沟油路建成通车

共和县开展"五不两确保"宣誓活动

2015年,贵德县建成新能源充电站

共和至西宁客运班线被评为全省文明客运班线

全州交通运输企业开展爱心送考活动

G109线穿越江西沟乡段公路

海南州赴玉树灾区的救援机械

贵德县黄河水上旅游业发展

贵德县黄河悬索桥

第五节 海北州交通运输

一、早期交通运输状况（1949—1977年）

"山高鬼见愁，走路栽跟头"是1949年前后海北州交通运输状况的真实写照。20世纪60—70年代，国家出于战备考虑，修建了民和至青石嘴、东川至宁缠等公路202公里，桥梁3座。这几条公路的修建，不仅为军事战备提供了交通保障，而且促进了地方经济发展。州运输公司于1976年开放门源至西宁、祁连、民和，以及张掖、兰州客运班线。

二、改革开放初期（1978—1991年）

1978年，先后新改建了祁连县柯柯里乡公路、海晏县茶默等公路，全州境内通车里程达到1561公里。1979年，刚察县开通哈尔盖火车站。1985年，全州客运车队每日发班23班次，其中州县发往西宁班次16班。1978年，全州货运车辆63辆，货运量3.27万吨，货运周转量582.7万吨公里。1990年开始，全州已无建制货运企业，货物运输全部由私人经营。

三、深化改革期（1992—1999年）

1993年，先后新改建哈甘公路等，在这期间，亚洲海拔最高的达坂山隧道建成，极大地改善了达坂山的交通通行条件。经营的客运线路不断增加，全州各县通往西宁的班次密度加大。1998年，首先在西海镇和海晏县共同成立了海北州客运服务中心，投入出租性5座客车20辆，主要解决国有企业改制后职工再就业问题。

四、西部大开发时期（2000—2011年）

2001年以来，贯穿州境内的国道315线、227线及大坂山隧道、省道二尕线马匹寺至祁连县城段、岗青线、盘大公路以及环湖东路、环湖西路等干线公路以高等级标准相继建成。2006年，内蒙古包头市山峰公交公司门源县分公司成立。2011年，共有营运车辆126辆。2005—2007年，开辟航线5条，通航里程128.31公里，营运船舶10艘。

五、交通发展攻坚期（2012—2019年）

2013年，刚察县由政府出资250余万元，购买了11辆标准宇通牌公交车，成立了刚察海滨公交公司，共开通8条公交线路。

2018年，州境内公路通车里程达到10087公里，农村公路累计完成固定资产投资11010万元，出租车拥有量487辆，车辆营运设施档次逐步提升，安装了GPS卫星定位系统。完成客运量677.04万人次，客运周转量16858.3万人公里，有力带动了全州经济社会发展，为海北全面建成小康社会，奠定了坚实的基础。

海北州交通运输事业的发展，展现在眼前的是一条条四通八达、纵横交错的公路网，一条条安全畅通、方便快捷的运输网，给全州人民生活带来质的飞跃。

新中国成立70年来，尤其是改革开放以来，海北贯彻"先通后畅、逐步提高"的公路建设方针，先后对不符合技术标准的公路逐步进行了截弯取直、减缓坡度、拓宽路基、加宽桥涵、重铺路面等技术改造。基本形成了以国省道干线公路为骨架，县乡公路为脉络，干支相连的公路网络。运输方式由人背牛驮逐步发展到现在的机械化运输方式。全州基本实现了"货畅其流，人便于行"。水路运输实现从无到有，海北水路旅游运输体系初步形成。在示范试点建设中，州县交通运输部门树立问题导向，实施改革创新，破解瓶颈制约，通过全面深化行业内部改革，不断增强内生动力，加快了全州"四个交通"的发展进程。组织实施了原子城客运站、祁连客运站和门源县汽车站等客运站、港湾和候车厅建设项目，原子城汽车站智能化服务设施配备齐全，极大地方便了广大农牧民群众的安全快捷出行；全面落实客运车辆补贴政策，率先在全省开展了交通信息化建设，及时为广大农牧民群众提供各类出行服务，有效提高了交通运输服务水平。公路运输的发展，对运输管理提出了更高要求。各县、各部门各负其责，各司其职，对道路运输业的管理力度不断加大，以开放市场、强化服务、改进管理手段和方式为重点，积极引导运输企业向集约化、规模化方向发展，推动了道路客货运输由数量型向质量型的转变。进一步规范道路运输市场秩序和经营行为，加大了市场监管力度，严厉打击无证、无照和欺行霸市等违章活动，提高了运输服务水平，使道路运输市场向着统一、开放、竞争、有序的方向发展，公路设施得到有效保护，道路安全形势明显好转，道路运输市场秩序逐步规范，老百姓在和谐发展中充分享受了交通建设带来的实惠，为全州经济社会发展做出了积极贡献。此外，海北州在节能环保、绿色交通、信息化建设、智慧交通、文化建设方面均取得突出成就。

解放前的运输（牦牛运输队）

改革开放初期的浩门大桥

1987年的青平线

国道227达坂山雪路

1990年的甘子河牧道

"八五"期间被国家交通部列入公路建设重点项目
——大坂山隧道，1995年8月开通运行

2000年修建的门源县麻当吊桥

2017年组建的门源县城乡道路客运体系一体化电动公交车整装待发

1993年修建的海北州交通局及海北汽车站综合楼

第六节　玉树州交通运输

一、早期交通运输状况（1949—1977年）

玉树州建政于1951年12月，是青海省第一个成立的少数民族自治州。20世纪50年代，沿青康公路（即现在的G214线）的汽车由西宁至玉树需要10天。1960年11月，正式开通了玉树至杂多县的简易公路。1967年，玉树通天河大桥和玛多黄河大桥建成。改革开放前，全州境内仅有637公里的干线公路和160公里的专用公路。

二、改革开放后的发展历程（1977—2010年）

——公路建设

清水河乡至曲麻莱县公路于1978年竣工通车，全长261公里，是玉树藏族自治州第一条等级公路。1978—1979年，改建了结古镇区道路2.7公里，并铺设黑色路面，成为玉树藏族自治州境内第一条黑色路面。

1981年底，玉树境内公路总里程957公里。1982—1996年，修建了东坝、觉拉等公路。同时，对旧路进行大规模的改造。2005年底，玉树州258个行政村中有132个实现了通达。2006—2010年，玉树州农村公路建设项目投资20.71亿元。2010年底，玉树州公路通车总里程达14310公里。2015年底，全州45个乡镇中有40个乡镇道路达到通畅。"十二五"期间农村公路的建设，极大地改善了农牧民群众的出行条件，有力地推动了脱贫致富的进程。2017年，全州农村公路养护年均优良路率达到51%，养护路况综合指数达到73.5。2018年6月，玉树州农村公路建设项目投资1.68亿元。建设项目包括：续建建制村通畅工程3项，建制村硬化道路3项，通自然村公路34项，贫困村"回头看"整治工程1项。

——养护和路政

20世纪70年代，公路养护道班更名为县养护队，在县工交局的管理下，对全州国省道进行养护。2011年，全州在曲麻莱县召开农村公路养护管理现场观摩会。2018年以来，全州公路养护工作井然有序，稳中向好。玉树州农村公路的路政管理工作起步较晚，直到2009年玉树州公路养护队进行改革，成立了各县公路养护站，并兼任本地区农村公路路政管理工作以来，与公安交警、交通运政和国省干线路政部门协调配合，为依法保护本辖区的农村公路路产路权，发挥了重要作用。2016年，州交通局设立路政科，为维护路产路权提供了坚强保障。2018年，出动执法车辆135车次，执法人员231人次；塔拉滩超限站检查车辆10530辆，卸载超载超限车辆33辆，卸载货物426.58吨；巡查货运源头企业累计22次。

——公路运输

玉树藏族自治州客运业在1986年以前是空白，1986年成立玉树州客运公司，主要承担结古至新寨村职工和学生的接送。1996年起，公司自筹资金，新购置5辆大型客车，开辟了结古至西宁、四川以及各县的客运线路。1996年，客运量达13.41万人次，旅客周转量1379.55万人/公里。2015年底，全州共有汽车客运站37个，三级以上6个，极大地提升了客运站服务水平。2017年底，全州发展农村客运企业6家，共有农村客运车辆228辆，开通农村客运班线131条；出租汽车公司（行）7家，出租车辆473辆；公交客运企业2家，共有公交线路6条，公交车辆72辆（其中：新能源公交车12辆）；道路普通货运企业及信息配载及仓储理货等其他道路运输服务相关企业618家，普通货运车辆320辆（包括个体车辆），共有37个汽车客运站（包括已建或在建）。2018年，完成道路客运量70.2249人次，客运周转量26294.5108人/公里；完成货运量20.7900吨，货运周转量14861.1756吨/公里。

新中国成立70年来，尤其是改革开放后，玉树州交通运输取得了翻天覆地的变化，支撑着地方社会经济的持续发展。农村公路养护工作从人力手工养护逐步发展到如今拥有装载机、自卸车、小型挖掘机、推土机、平地机、农用车等设备的机械化养护，公路养护质量和灾害抢修保通能力得到显著提升。道路客运供给能力不断提升，城市和乡村公交线路的开通运行，给广大农牧民群众提供了安全、方便、快捷、实惠的出行环境。道路运输市场不断规范，汽车维修市场得到净化。信息化建设成果丰硕，完成州级运输管理平台和企业平台的建设，实现了全州营运车辆GPS的联网联控。

早期简易桥

村道硬化路

精准扶贫路

征求老百姓修路架桥的意愿

运政执法人员上路宣传治超工作

第七节　果洛州交通运输

一、早期交通运输状况（1949—1978年）

1952年，西北军政委员会果洛工作团由西宁挺进果洛，果洛交通建设进入起步阶段。1954年，以抢修通车为原则，由原省交通厅工程总队承担修建花石峡至吉迈公路，全长197公里的简易公路于1956年正式通车。1974年，动工建设大甘公路，于10月1日建成通车。到1978年底，累计投资2100多万元建成了一批主要公路，全州公路通车里程达到1834公里。

二、改革开放初期（1979—1991年）

1979年，经州政府批准，在州汽车队基础上成立州汽车运输公司。1982年，为方便久治县人员往返大武和西宁，由州汽车队开通了客运班线。1984年，涌现出个体汽车运输车辆67辆，再次开通大武至久治客运班线。

1979—1980年，州公路工程养护队对大甘、满久两条地方干线公路进行了局部路段的升级改造，实施上贡麻山19公里和其他14公里改线。1978—1981年，玛多县动用公共积累资金200多万元，修建改善县社公路525公里，建成黄河乡全长114.6米的热江大桥。到1991年底，累计完成投资5380万元，建成了一批公路桥梁设施，51个乡镇牧场全部通公路。

三、深化改革阶段（1992—1999年）

1991—1992年，投资170万元的97公里多达公路四级改造项目正式建成，开始服务于班玛县的黄金资源开发。1995年，成立果洛州工业交通与建设局。1996—1999年，全州累计征收公路运输管理费63.38万元，客运附加费41.97万元，为果洛州公路行业管理提供了宝贵的资金支持。1999年底，全州汽车保有量达到1739辆。

四、西部大开发阶段（2000—2012年）

2001—2006年间，新实施甘德青（珍）下（藏科）等6个项目。2004年，续建大武至久治段和大武地区赛马场沥青路面，实现全线贯通和路面黑色化。

实施西部大开发战略以来的13年间，全州共完成交通基础设施建设投资81.28亿元，基本建成了"三纵四横"主骨架和农村公路路网体系。公路通车总里程由1999年底的2588公里增加到2012年的8098公里。这一阶段，果洛交通面貌发生了翻天覆地的变化。果洛州坚持"建养并重"的原则，确保农村公路安全、畅通的通行环境，圆满完成州内重大活动公路保通工作。全州交通部门持续加强农村路政与治超管理工作，坚持上路巡查，联合治超进入长效治理和常态化阶段。2012年底，全州拥有营运客运车辆35辆1279座（铺），运营省际线路3条、省内线路9条，运营里程8300公里。全州32个乡、33个牧委会通客运班车（含途经）。各种客运方式在支持城乡经济发展，缓解交通压力，满足人民群众便捷出行，增加就业等方面发挥了重要作用。

五、新时代全面健康绿色协调发展阶段（2013—2018年）

2013年，实施出省通乡油路1项100.32公里。2014年开始，积极推进"四好农村路"创建工作。花久高速公路于2017年11月13日通车运营，结束了果洛州不通高速的历史。2018年全州交通基础设施建设实际落实投资5.33亿元，实施农村公路续建项目98项，新建项目263项。甘德县借鉴玛多县农村客运经验，在上海市长宁区的大力支持下，利用捐赠的50万元购置2辆17座汽车，用于农村客运班线运营车辆，解决了甘德县5乡1镇20个行政村2万多群众的出行问题。完成客运量61.5万人，41280万人公里。2018年，全州已经建立3个农村公路养护专门单位，承担农村公路的养护保通任务，全力加密公路巡查频次，保护路产路权完好，重点开展四川方向和德尔尼铜矿大型运输车辆治超工作，取得积极效果。

70年来，果洛州各级交通运输管理部门以强烈的责任心和使命感，以雪域高原交通人特有的工作态度，带领广大交通干部职工尽职尽责、攻坚克难、砥砺奋进、无私奉献，绘就了果洛交通运输的巨大成就，交通运输面貌发生了翻天覆地的跨越式巨变。公路建设成就显著，交通出行畅通快捷，农村公路养护、安全、路政与治超监管能力大为提升。

1952年7月1日，果洛工作团由西宁出发时的情景

桥梁土牛胎工程建设

1986年，拉加大桥建成通车典礼

农村公路桥梁

省道101线贵德至大武二级公路改建工程开工典礼现场

省交通运输厅支持建设的玛沁县城镇道路

汽车站点建设

折安黄河大桥

果洛机场建成并正式通航

第八节 黄南州交通运输

一、早期交通运输状况

1949年,黄南州交通运输条件十分落后。1950—1956年,全州物资的进出主要靠牦牛驮运。1966年,全州机动车辆有29辆。20世纪60年代中后期,以汽车运输木材,水运停止。1973年8月,恢复由省垂直管理体制,将机构名称改为黄南交通监理所,增加技术人员和必要设备。

二、改革开放初期（1978—1990年）

从20世纪70年代起,黄南社会运输车辆大幅度增加并不断更新。20世纪80年代,随着农牧区经济体制改革,城乡不断涌现个体运输专业户购置货运车辆。20世纪80年代后期,采取"民办公助"的办法,提高和改善县乡道路,对贫困乡的道路采取以工代赈的方式,发动群众投工投劳修建。手扶拖拉机在牧户购粮和草原建设等方面发挥着重要作用,昔日的驮运现象大为减少。到1990年底,全州通车里程达1234公里。拥有机动车3026辆（台）,各种大小客运汽车276辆（其中客运班车30辆）货运,全年货运量达6141.39万吨公里。

三、深化改革时期（1991—1999年）

1992—1996年,干线公路建设投资达1.3135亿元,新建改建公路10条400公里,干线公路通车里程达到400公里。1997年底,河玛公路按四级天然沙砾路面全线贯通,全程99公里。1997年,利用以工代赈资金629万元,泽夏公路、措达公路建成通车。此外,乡村公路建设及专用公路建设发展迅速。于1999年成立了全州第一家车辆代理公司——黄南正达汽车服务公司,挂靠车辆48辆,其中出租车22辆,班线车20辆,货运车6辆。

四、西部大开发时期（2000—2011年）

2000—2005年,全州交通部门围绕"消除贫困、富民强州"和"深化改革、创新体制"两大历史任务,加快农村公路建设步伐,夯实公路交通基础设施,运输市场日益繁荣,农牧民群众行路难、乘车难问题得到缓解。2006—2011年,实现省道无二级公路、县乡公路无油路面、州境内无旅游公路和无乡级汽车站等四个方面零的突破。到2011年,全州公路总里程达到4004公里。到2010年,全州开通客运班线44条,营运车辆1490辆,其中货运车辆869辆,客运车辆621辆。

五、大构建与综合交通运输体系（2012—2019年）

至2015年,全州累计实施农村公路建设项目678项,完成投资16.59亿元。黄南州抓实养护管理,保障公路安全畅通,着力提升道路养护工作专业化、机械化水平,认真做好省道干线管养和路域环境整治工作,全力完成州内重大活动和旅游旺季交通服务保障工作,突出农村公路水毁修复,扎实开展全州路网运行安全畅通工作,确保农村公路列养率达100%。2017年,治超工作机制不断完善,先后与本省果洛、海南、四川阿坝、甘肃临夏签订联合治超协议,"一超四罚"和治超抄告制度全面落实,黄南隆务治超监测站建成同时使用,有效提高了依法管路、依法治运管理水平。经过近15年的发展,李家峡库区的基础设施建设取得了很大发展。为保障贵德至李家峡航线的畅通,省地方海事局投资320万元建造清漂船舶,水上安全监管手段不断加强。

2018年末,全州公路通车总里程达到5698公里,公路密度达到28公里/百平方公里,通油路的乡镇达100%,已通畅的行政村达100%,所有建档贫困村道路按通畅标准实施完成,实现了乡乡通油路、村村通公路的目标。全州拥有经营性车辆1515辆,共完成客运量395万人,货运量647万吨。水上运输进出港3697航次,运输旅客68740人次,客运周转量687400人公里。

70年来,黄南州交通运输取得了空前成绩。构筑了"两纵五横一环"路网主骨架,规划布局工作取得重大突破。全面加快了交通运输基础设施建设,加快了农村公路建设,满足群众出行需求。交通运输行业治理水平全面提升,安全生产监督管理逐步加强。生态环境保护成效显著,党建、队伍作风建设、精神文明建设水平全面提升。2017年,黄南州运管处荣获"全省重点营运车辆联网联控管理工作先进单位"称号,黄南州治理货运车辆超限超载工作领导小组、同仁县和尖扎县治理货运车辆超限超载工作领导小组荣获"全省治超工作先进单位"荣誉称号。

第七章 市 州 篇

尖扎县渡口吊桥（1978年拍摄）

1998年，同循公路改造

2003年，在建中的措周至贾加通村油路

2011年，州县交通管理部门检查车辆维修商户

宁木特黄河沿至玛沁县界公路

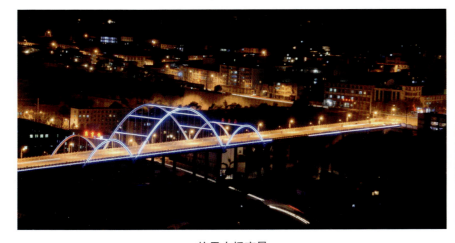
热贡大桥夜景

阿李高速黄河大桥

编 后 记

按照省委宣传部《庆祝中华人民共和国成立70周年对外宣传实施方案》的要求，编委会围绕交通运输中心工作编撰《青海交通运输发展画册（1949—2019）》。经过3轮的修改和完善，形成终审稿并交付出版。画册采集图片近600幅，编入文字2万余字，图文并茂地记录了70年来青海交通运输取得的辉煌成就，展示新时代谱写交通强国青海篇章的生动实践。作为交通类工具书，成书出版发行后将呈送有关部门，并分发至各市州交通运输局、厅机关各处室及厅属各单位，作为行业史料阅读并保存。

编撰过程中，工作人员以时间脉络为主线，广征博采，兼收并蓄，反复核证，精心策划。相关部门、单位和个人及时提供文字图片资料。在此，对所有关心支持的各级领导及为之倾注心血的同志们一并表示最诚挚的谢意。

编写制作一部通览70年发展历程，博收交通运输专题的画册，难度较大。受水平所限，错漏难免，敬请读者批评指正。

编　者

2019年10月